AR Y TIR MAWR

Ar y Tir Mawr
'chydig o ôl gwadna Gareth Neigwl

Gareth Williams

Argraffiad cyntaf: 2012

Rhif rhyngwladol: 978-1-84527-341-5

Mae'r cyhoeddwr yn cydnabod cefnogaeth ariannol
Cyngor Llyfrau Cymru

Lluniau tu mewn: Gareth Williams
Llun clawr: Tony Jones, Rhiw

Cyhoeddwyd gan Wasg Carreg Gwalch,
12 Iard yr Orsaf, Llanrwst, Conwy, LL26 0EH.
Ffôn: 01492 642031 Ffacs: 01492 641502
e-bost: llyfrau@carreg-gwalch.com
lle ar y we: www.carreg-gwalch.com

Cyflwynedig i:

Nhad a Mam am gynhesrwydd aelwyd;
Rhian, am ddangos imi Fwynder Maldwyn;
Lowri, Elin, Elliw a'u teuluoedd am warchod yr
ysbryd hogyn ynof;
Huw, Myrddin a Jôs am brofiadau'r Tir Mawr

Cynnwys

Gair o ddiolch

Pan oeddwn i'n llanc adra yn Hendre Lannor, mi awn i'n ddi-feth ar ôl te ddydd Sul i olwg y lein fydda gen i bob ha' yn y dŵr gwyllt, o'r golwg dan fwa pont Rhydhir. P'nawn Sul oedd yr amsar gora, gan nad oedd yna gipar o gwmpas. Draw at Twm, Penbont, wedyn, yr henwr o gymydog fydda'n ista ar dywydd braf, â'i gefn yn erbyn cilbost pen lôn 'i gartra, ar y tro uwchlaw'r bont. Thomas David Williams, i roi iddo ei enw iawn, bardd fyddai'n cyhoeddi ei englynion yn y cylchgrawn *Blodau'r Ffair* o dan y pennawd 'Gwreichion o'r Efailnewydd'. Yn ystod ein seiadau difyr, mi driodd 'rhen Dwm'i ora hefo mi, ac mae'r anrheg roddodd, o'i gopi ei hun o lawlyfr David Thomas ar y Cynganeddion, yma'n ddiogel o hyd.

Petha eraill aeth â'm bryd i am flynyddoedd wedyn, ond mi gododdd rhyw gnich ynof yn ddeg ar hugain, yn ddigon felly i mi ymuno â dosbarth nos Dic Goodman yn Sarn Bach. Roedd yno firi ymysg englynwyr parod, cymeriadau megis John Penlôn, Harri Isfryn a Dan Elis, fyddai'n arddel yr enw barddol Dan Dean yn yr *Herald Cymraeg*! Cymaint oedd y difyrrwch, mi fûm i'n canlyn dosbarthiadau Dic am rai blynyddoedd, ond doeddwn i'n sgwennu fawr o ddim, oni bai bod Dic yn gofyn! Cael fy ngwthio i gymryd y peth fwy o ddifri wnes i! John Arfon Huws, y bos pan oeddwn i 'nghyflogaeth Cyngor Dwyfor, a'm llusgodd gerfydd fy nghlustia'n aelod o dîm Talwrn Llanengan. Sôn am nerfa, – damia nhw! Ond, mi gefais i lawer o bleser yng nghwmni Arfon, Tecwyn ac Anita yn y cyfnod hwnnw, yn union fel a gaf o hyd yng nghwmni Huw, Myrddin a Jôs yn nhîm y Tir Mawr.

Roedd o'n help garw ar y dechra bod y Meuryn, Gerallt Lloyd Owen, yn ffeind iawn hefo wyneba newydd, ac wedi bod felly ar hyd y bedlan o ran hynny, hefo rhyw greadur fel fi sy'n swil ofnadwy o'i alw'n brydydd, heb sôn am fardd! Prydydd Talwrn ydw i, a dyna sy'n cyfrif mai deuddeg llinell yw hyd y rhan fwyaf o'm cywyddau! Mi fûm i'n canlyn dosbarthiadau nos Twm Morys am rai blynyddoedd hefyd, yng nghwmni Lora, Wil Hefin, Anna Wyn, Wyn Hirwaun, Wil Sam, Gareth Nan'call, Eifion Brychyni a'u tebyg. Direidus bob un!

Dylanwad mawr Elis Gwyn arnaf, athro celf Ysgol Ramadeg Pwllheli, sy'n gyfrifol am y lluniau. Dwi wedi ymddiddori mewn gwneud llun, hefo inc gan fwya, ers dyddia ysgol. Rhyw betha o ran diddanwch i mi fy hun!

Mi welwch felly bod fy rhestr ddiolchiadau i yn un faith. 'Dyledwr wyf', chwedl yr emynydd. Ond fydda'r gyfrol yma fyth wedi gweld gola dydd heb gyfeillion, yn feirdd a phrydyddion a chydnabod, sydd wedi fy slensio i gyhoeddi fy ngwaith ers rhai blynyddoedd erbyn hyn. Roeddwn i wedi gobeithio eich perswadio i adael llonydd i'r 'diawl peth', nes y byddwn i o leia'n ddeg a thrigain, ac yn rhy hen i boeni! Ond . . . dyma fo!

Diolch yn fawr i Myrddin a Gwasg Carreg Gwalch am hwyluso'r ffordd , ac am gyflwyniad graenus. Os llithrodd ambell wall i mewn i'r gyfrol, mae rheini'n aros ar drothwy Rhydbengan!

Diolch o galon i chi i gyd.

Gareth Williams
Gwanwyn 2012

Englynion

Mae 'na le . . .

Weithiau, pan fo'n gobeithion yn ulw,
 A'r hen hil yn gleifion,
 Mae 'na le ym mhen y lôn
 Oesau cyn dyfod Saeson.

Lili wen fach

Yn Ionawr â'i chyfrinach yn ei ffydd,
 Plyg ei phen dirwgnach;
 Ac os yw'r lili'n brinnach,
 Hi ddaw i fyw 'ngweddi fach.

Llygaid

(ffenestr y Deans Eye yn eglwys gadeiriol Lincoln)

Â'r haul ar y cwareli yn dy ddwyn
 O fyd ddeil yn nhresi
 Rhyfel a'i dwrf, fe weli di
 Hanes Duw yn distewi.

Dychwelyd

Yn fyr o wynt trof i'r fro a'r rhiwiau
    Lle chwareuem eto;
  Er hyn ni chaf rai yno
  All wastatau caeau'r co'.

Dyddiadur

Yn un â'm gobaith innau, yn Ionawr
    Dôi hoen i'w ddalennau'n
  Inc y cof, ond mae o'n cau
  Yn hen ŵr prin ei eiriau.

Côr

O gydbwysedd y beddau yn nhir Belg,
    Tynnir balm o'r lleisiau
  Yno 'nghyd â'u genau 'nghau
  Alaw uwch sŵn magnelau.

Pont

*(Meinir Ffransis ar drywydd ei hachau yng Nghwm
Cynllwyd yng nghwmni ei merch a'i hwyres fach)*

Daw o gyswllt agosach â Chynllwyd,
    Drwy'i chanllaw i'w llinach,
    Hen afael eto'n gryfach,
    A'r hen fyd i law'r un fach.

Crysbas

Er iau eu tlodi, druain, o hen was
    Roedd fy nhaid yn yswain;
    Gwên neu wae, doedd wiw gan nain
    Iselhau'r crysbas liain.

Dechrau'r diwedd . . .

Dechrau'r diwedd fu'r weddi un nos Sul
    Yn sedd hogia'r gweini;
    Y wên a aeth tra gwgem ni,
    A Duw ennyd o dani.

Buddugoliaeth

O waed, na dyheadau nid oes glwyf
    Hyd sglein y medalau;
    Rhain o hyd sy'n cadarnhau
    Mor wag fu marw'r hogiau.

James Thomas

(Ysgrifennydd cyntaf Cymdeithas y Gwartheg Duon)

Yr anesmwyth, brin hwsmon, byw ar weld
    Codi'r brid i safon;
    Hyd y wlad y cerddaist lôn
    Hyd wayw i'r Da Duon.

Disgwyl

Lased yw'r gog na chlywsoch eleni,
    Os diflanna, cawsoch
    Hyd y cwm bod barcud coch
    Eto yn dychwel atoch.

Cwmwl

Er bod iau fy amheuon yn achwyn
    Dan ei feichiau duon;
    Y mae'r aur sy'n sgafnu 'mron
    Yn hel ar ei ymylon.

Cwymp

Rhoi'i nod ar dywod wna'r dyn a'i angerdd
    Am ddringo yn 'rhywun';
    Nid yw ei wendid ei hun
    Ond Duw'n erydu'r tywyn.

Calan Gaeaf

Unwaith dôi holl fwganod ei hen wrach
    O fewn rhychwant diwrnod;
    Yn hen ddyn, gwn ofnau'i ddod,
    A misoedd o'i ymosod.

Cyfrifiad 2001

(Pan waharddwyd i ni arddel mai Cymry ydym.
Ein protest oedd gwrthod llenwi'r ffurflenni.)

A ninnau'n rhy ddiwyneb i'n harddel,
    Fe waharddwn ateb;
      Mae'i ffurflenni'n ffolineb
    Yn wir, os nad ŷm yn neb.

Cŵn Hela

(eu gwahardd gan lywodraeth Blair)

Ffordd yr heliwr a fwriwn i hanes,
    Ond er hyn ymlwybrwn
      Ar drywydd cynydd y cŵn
    Yn ysweiniaid nos Annwn.

Pensiwn yr henoed

Er annog hel ceiniogau i dalu
    Dyled rhag bod eisiau;
      O hyd, mewn henaint prinhau
    Wna 'mywyd a'i ddimeuau.

John Burke

(cydweithiwr am flynyddoedd)

Goddef ein Straeon Gwyddel eto fyth;
    Bwyta'i fwyd yn dawel
     Awr ein hoe, 'tai'r dyrnau'n hel,
     Rhwbiwn yn d'ysgwydd rebel!

Gobaith

Oriau ffein ein gorffennol a gofiwn
    Mewn gaeafau ingol,
     Ac yna canfod gwennol
     I'w nyth yn dychwel yn ôl.

Celwydd

Yn rhith mae'r llywodraethau yn esgus
    Rhoi cysgod rhag angau,
     Ofni haint a'i ysgafnhau,
     Ac yna gwerthu gynnau.

Man Gwyn

Yn wydrog ym Mhorth Madryn yn y môr
     Roedd grym hiraeth 'ronyn,
  Ac yna troes bachgennyn
  A gweld y lle fel gwlad Llŷn.

Capel wedi cau

Ei wacter di-adferiad yn atsain;
     Be di'r ots, does brofiad
  Na ffydd ddeil wrth adeilad,
  A'r Tŷ'n amddifad o'r Tad.

Garn Fadryn

A hi'n uniaith drwy'i hanes, yn gadarn
     Trwy gydol pob gormes,
  Rhy wrid ei phorffor a'i gwres,
  A'i meini yn fy mynwes.

Diwinyddiaeth

O'i eigion, arbenigwr a rannai
    Gyfriniaeth crefyddwr,
    Eigion nas gwêl y lleygwr,
    Namyn llun Duw mewn llyn dŵr.

Cofio Tryweryn

Dan sawl argae aeth caeau llawer cwm,
    Palla'r cof, ond weithiau
    Mae un cwm yn miniocau
    Ewinedd ynof innau.

Dydd Calan

F'adduned, gwnaf ddaioni yn wylaidd,
    Rhoi'n hael o'm tosturi;
    Yn hwyr, a'r dydd yn oeri
    Yr â hi'n faich arnaf i.

Rhagfyr

Daw â'i dinsel a'i gelyn am ennyd,
    Ac mae ynni plentyn
    Yn ei ddod, eto'n hen ddyn,
    Un a'i yrfa ar derfyn.

Paent

Ym mhaith pob anobeithio, hen Indiad
    Cyndyn, er anrheithio
    Ei hil, droes her ei ddwylo
    Yn ddawns i'w gynddaredd o.

Nobis

(yr enw ar hen gychod hwylio traddodiadol 'Rabar)

Ymhlith llanast o fastiau ni welaf
    Un olwg o'r hogiau,
    A mi mwy'n holi ble mae
    Nobis yr hen wynebau.

Dwy Afon

Alaw Hafren dry bennau yn y bae,
 Ond o bell daw pibau'r
  Hesg fin hwyr i'm hysgafnhau
  Am orig, o Gymerau.

Pwyth

Bu mam, fel byddai mamau, yn bwyllog
 Ddi-ball wrth chwil olau
  Cannwyll frwyn heb gŵyn yn gwau,
  I gau adwy ag edau.

Gwawr

Y mae coel ar argoelion ei dyfod,
 A difai yw'r galon
  Ŵyr hyder 'rôl pryderon
  Y nos yng ngoleuni hon.

Gwên

Os gellir ag ysgallen â'i nodwydd
    Yn gwaedu greu cynnen;
    Diau y gall briallen
    Yn ein byd ei dwyn i ben.

Ehedydd

(ymgyrch losgi Meibion Glyndŵr)

'Mi a glywais' mai goleuo i'w afiaith
    Mae'n ffurfafen eto,
    Hen ias o'i entrychion o,
    Hen waedd yn ddaear iddo.

Gwyddbwyll

Yn ofer y rhoir gwerin yn aberth,
    Rhoi'r meibion tros frenin;
    Y mae'r draul ym merw'r drin
    Yn gwagio bwrdd y gegin.

Emyn

Sêl hen dyrfa'r ail daro ameniaf
    Er i minnau gilio;
    Daw, daw yr ias ambell dro,
    'O am aros', a'i morio.

Ymchwiliad Rhyfel Irác

Cei holi pam, rhoi'r camwedd i orffwys
    Hyd syrffed, cei sylwedd
    Y farn ddiamod a fedd,
    Hyn a hyn o'r gwirionedd.

Hafan

Daw hogyn ar adegau hyd dy lain
    Le bach tlws yn ofnau
    Canol oed a'r coed yn cau,
    I ddeilio drwy'i feddyliau.

'Mestyn dydd

Bu ar yr egin a'r brigau farrug,
    Ond 'fory dwyn blodau
    Wna draenen wen, ysgafnhau
    Gwayw ddoe ein gweddiau.

Cysgod

Bu ddiwyd un heb ddeall hawdd arno,
    Dyn â'i ddyrnau cibddall;
    Erys hi'n ofni na all
    Fin hwyr weld hafan arall.

Olwyn

Y geiniog annigonol a wariwn
    Yn y ffair dymhorol
    Ar ei thro ynfyd, hudol,
    A rown i i'w throi yn ôl.

Llyfr lloffion

A broc môr ei drysorau'n melynu,
    Mae'i lanw'n troi 'ngruddiau
   Ymaith dan gochi weithiau,
   Yr wyf hŷn ar gwr ei fae.

Blagur

Drwy'r heth mynn osod nodau ei aria
    Ar erwydd y brigau,
   A chof o hyd drwy'r lluwchfau
   Yw alawon ei liwiau.

Dail yr Hydref

Ar ddisberod mae nodau hen gerddi
    Gwyrddion y gwanwynau;
   Hwy ânt o fri i'w hynt frau
   Yn alawon o liwiau.

Nant

Migwyn a bwrlwm agos ei nwyf gynt,
    Hafau gwair ar gyfnos
    Hyd y lan yn fy mro dlos;
    Nid yw'r dŵr wedi aros.

Cusan

Cau'r archoll yw ymgolli yn ei gwefr,
    Mae ei gwin yn rhoddi
    Ei balm ar fy wyneb i
    Yn irad o dosturi.

Treialon

Ymhob oes mae i bob un ei groesau,
    Ond gras diwarafun
    Ei Dad a wêl credadun
    Ar ael ei Galfaria'i hun.

Bysedd y Cŵn

Menyg y dyddiau mwynion, hen hafau
    Ein hifanc ddifyrrion,
    A chloch mewn bysedd cochion
    Yn gôr o liw ger y lôn.

Wil Sam

O'i lonydd Eifionydd o y tynnodd,
    O'r tennyn sy'n cydio
    Ein hiaith wrth frodwaith ei fro
    A hanes ei hil yno.

Cysur Diwedd Dydd

Yn fynych yr af innau yn yr hwyr
    Gyda'r haul i'm gruddiau
    Yn sŵn cân a'r nos yn cau
    Drwy'r Swnt i dir y seintiau.

Gobaith mewn cyd-ddyn

Pan fo'r haf dan li'r afon, llawenydd
    Dan y llynnoedd duon;
  A'n deil rhag ymchwydd y don?
  Dim ond enaid mewn dynion.

Y Rhiw

O'i lonydd cul i Ddulyn yr awn i
    Ar brynhawn yn hogyn,
     Roedd y lle'n braidd gyffwrdd Llŷn,
    Llam haul o gae Pwll Melyn.

Neu at dduwiau Tŷ Ddewi heb un gwynt
    O ben gallt Treheli
     Yn wych iawn hwyliai 'nghwch i,
    Neu wibio'n môr Caergybi

Ond fy henaint dy fynydd a hiraeth
    Sy'n dy foroedd beunydd,
     Rhyw ddi-sêl filltiroedd sydd
    I Fôn o Benarfynydd.

Â'i riwiau'n llethu rhywun, ara bach
    Heibio'r Bwlch rwy'n esgyn,
     I haul pell y Clip ei hun
    I ddal un cip ar Ddulyn.

Cwpledi

Tra'n cadw'i fast ar gastell,
Nid yw math Edward ymhell.

Ni ddaw ton ar dywydd teg
I Lŷn nad yw'n delyneg.

Am ein bod bob Hydre'n bâr
Y mae awydd hel mwyar.

Ni wêl ffŵl o eliffant
Yn y ffôs gywion ffesant.

Yng ngwelltyn dyn er ei dw'
Fe erys trefn ei farw.

Os sleifiais o sawl hafoc,
Drwy rhyw wyrth gwnes ambell strôc!

Mae'r rhai biau'r Gymru rydd
O raid yn gwrando'r hedydd.

Yr haf sydd dros flwyddyn gron
I wenoliaid y galon.

Pa les gair yng nghlust bustach
A'i hanner drwy'r border bach?

Ni ddaw'n sŵn na ffydd na sêl,
I'r rhai glyw, mae Duw'n dawel.

Ces er fy lles ambell lwnc,
Ond trallod wedi trillwnc!

Cywyddau

Amser i bopeth

Mae'r hud yn nhymhorau hon,
Ynys y Pererinion;
Mor hamddenol a'i golwg,
Si'r môr mor ysgafn a'r mwg
Pwyllog o gorn Tŷ Pellaf
Yn oedi di-hid ei haf.
A'r Cafn yn croesawu'r cwch,
Nwyd heli mewm tawelwch,
Dim ond y llanw'n pwnio
Ei grud mewn gwymon a gro,
O gyrraedd brys ac oriawr
A môr gofidiau'r tir mawr.

Penrhyn Llŷn

Nid lle ond hanfod yw Llŷn,
Mae hualau'r Maen Melyn
Yn fy ngwaed, ac yn fy nghof
Mae hwn yn gwlwm ynof
Sy'n mynnu tynnu fel ton,
Galwad yn nwfn y galon.

O 'nghrud bu'n porthi fy ngreddf
A'i anian ym mhob cynneddf;
Mae traeth pob hiraeth yn hwn
A meysydd o emosiwn;
Daw si o'i lannau di-sôn
A gemau o blith gwymon.

Â'i orwelion aflonydd
O don i don hefo'r dydd
Yn cilio, daw rhwyg gelyn
Ym mhryder amser ei hun;
Ond ei rym tawel welaf,
Hyd braich o gadernid braf.

Taid Tir Gwyn

Yn y dyrnwr mae darnau
Ohonot gynt, a'r giât gau
Ar dy ydlan fel anaf
Y dur oer bladuriai'r haf, –
Yr haf gynt pan rwyfai gwair
Dan y cyll gyda'n cellwair.
Dy galon, Taid, o gowlas
Ydau'r glain, ac o dir glas
Tir Gwyn fy ngwastatir gynt,
Dyddiau'n dy gysgod oeddynt;
Ond rwy'n dod o'r Hen Dir,*
O'r un pentan, 'run pentir.

Enw ei gydnabod ar fy nhaid

Wil Tŷ Pella, Enlli

Ei gêl o mewn chwedlau gwlad
Yn dew o'i fynd a dwad,
Ei oriawr oedd tro'r cerrynt,
Hawliai ei gwsg nôl y gwynt.

Darn o fôr ar starn ei fyd,
Ei fae o lywiai'i fywyd;
Anadlai'r Swnt a'i edliw,
Si geiriau hallt yn nhro'r sgriw!

Hen ben ym mhob croesi'n bod
A neb arall yn barod;
Un ei hun â'r tonnau oedd
A'i gwch o rîsg ei achoedd.

Bob Dafis, Pen Boncyn

Yn naw deg yma'n ei dŷ,
A'i hwyl rôl p'nawn o balu
O'r rhesi'n berwi trosodd
A thwf ei wellt wrth ei fodd!
Haf ar waith fu llafur oes,
A chwyn, – diddanwch einioes!

Sŵn ei glem fel hen emyn,
Arall oes ar orwel Llŷn;
Ei nwyd o'n fedi a hau
A'i waed yn un â'r cnydau,
Daear ei wrid ar ei wedd
A'i enaid dan ei winedd.

Robat, Neigwl Ganol

Heb g'lyma'n Neigwl Ganol,
O ras dyn, cei gefn ar stôl
A Robat â'i law atat
Yn ŵr â'i wres fel ei rât.

Drwy'i oes ei dractor a'i wŷdd
Dry ei foesau drwy'i feysydd;
A'i erwau o'n fuchod bras
Â dwy deth i'w gymdeithas.

Teisi llawn, tatws a llaeth
Mae digon i'w gymdogaeth,
Cei weld nad yw'r drws yn cau
Ar noddi'r hen rinweddau.

Jac Ben

Cewyll i'w cynnull a'r cwch
Yn ysu, nes i'w beswch
Drechu Jac Ben, edrychwr
Ydoedd o, ond holltai ddŵr,
A'i feddwl a'i rwyf wyddai
Bob hiraeth rhwng traeth a'r trai.

Rhwymai'r cwch tra moriai'r co'
A'i wêc oedd mwg ei faco;
Un siŵr o'i siwrnai heb siart,
Hel abwyd yn ei libart,
Dŵr hallt oedd troad ei rod
Ar dywydd fel ar dywod.

Hwyliau'i gwch ar sianel gynt
A'i rwydi, segur ydynt;
Y chwa a'i sycha mae'n siŵr,
Eto ni ddaw'r pysgotwr
Dan ei hwyl, fe ŵyr dynhau
Ei wynt a'i angor yntau.

Carnifal

Yn weindio ffyliaid Llundain,
Ein holl fyd ar bicell fain;
Yno'n grwn ac unig roedd
I drawiadau ei stydoedd,
Hen wers cieidd-dra'r garsiwn
Llond lôn o Saeson a'u sŵn,
Y rhai gwyllt sy'n sawru'r gad,
Hyrddiadau'n eu cerddediad.
Daw adeg y dywedwn
Digon, wrth Saeson a'u sŵn.

Golygfa

Meirch y môr a chaeau mân
O Anelog i Gilan,
Dŵr byw o belydrau bach
Yn fae aur yn Nhalfarrach;
Mileniwm yn melynu
Yn suo gân llepian llu
O fân donnau fu'n ieuo
Ei nwyfau 'nghudd yn fy 'ngho'.

Mi wn yn nyfnder fy mod
Fae eiddil ei rhyfeddod
A Duw yn f'arswydo i,
Rwy'n un sy'n rhan ohoni.

Gelyniaeth

Nid yw iaith credo 'Nghrist i
Na'i ras ymhlith y rhesi
Milwyr ar stryd Ramala,
Ni ddaw Duw â newydd da
I gyflafan y gwanwyn,
Môr o waed yw marw'r ŵyn.

Yn rhywle, pell i'r rhelyw,
Eneidiau yw'r bomiau byw,
Lle mae gwewyr pob curiad
Yn rhannu ofn pob grenâd
A'i hystaen ar fy Nghrist i ,
Un mud nad yw'n cymodi.

Newydd Da

*'The boys are safe' – Teligram a anfonwyd o Kilkeel,
Iwerddon i Dudweiliog, yn sicrhau bod dau o
bysgotwyr y pentref, fu ar goll ar y môr am dridiau,
yn ddiogel.*

Y stryd fu'n aros dridiau,
Arni hi sgwrsio'n prinhau,
A dôi'r boen yn nhyndra'i byd
I osgo'r pennau'n ysgwyd.

Heb lanw'n gogrwn ei gur
Nac ateb gan bysgotwyr,
A'r weddi hir heb ryddhad;
Amlen yn ffrwydro'n deimlad.

Yn y wefr o'u cael yn ôl,
Â'i nwydau cyfnewidiol
Hen fôr o hyd sadia'r fron,
Ni waeddwyd y newyddion.

Liam McDonagh

(Cydweithiwr)
1972

Y mae o heno ymhell,
Can eco'i lais fel cnocell,
Ddrymiwr y gatrawd ddrama,
Geiriau a mwg o Armagh!
Â'i gaib neu'n gaib yn gwybod
I'w fêr, un 'Werddon sy 'i fod.

I drawiad yr un straeon
Unai'r wlad yn nhraeniau'r lôn;
Chwysai o dros ei chwe sir,
Ond â'i waed i'w deheudir;
Â'i faled neu'i fwledi,
Y mae o'n agos i mi.

Disgwyl

(Disgwyl clywed oddi wrth John Burke, hen gydweithiwr, ond ddaeth 'run gair. Deall wedyn bod John wedi'n gadael.)

Pe hedai nodyn Padi
Yn ôl, fe wirionwn i;
Deuair yw gwefr cordiau'r gog,
Un gair o'th raffu geiriog
Yw lli'r cof drwy byllau'r cyll
Yn hiraethu am frithyll.
Cana diwn hesgen dy wîg
Ddaw â'i halaw Wyddelig.

Hwyr gennyf g'nesu'r gwanwyn,
Hirach mynd tua'r crych mwyn
I dybio rhin emrallt bro
D'afonydd wrth glustfeinio.

Haul

Yn foreol cyfrwyo
Ei ferlyn melyn mae o,
Rhawn ei fwng disglair yn fil
Anhygoel tros ei wegil;
Ac aur godidog ei wedd
Ofera hyd gyfaredd.

A ni oll wedi'n dallu
Yn ddi-au wedi'r nos ddu
I'w olau treiddia gelyn
Ym mreuder amser ei hun;
Ei fflam yn garlam i gyd,
Hen wae yn ei weddnewid;
Ond gwn â'i fachlud hudol
Hyd y nen, y daw yn ôl.

Cym'dogion

Un ddimai'n aur wyddem ni
Yn wladwyr, ddyddiau'n tlodi;
A'i rhoi i dŷ'n crafu'r dorth
A wnaem, fel derbyn cymorth.
Do, rhannwyd yr aur hwnnw
I dai'n wyrth cyn eu dod nhw,
Y nhw nad adwaenwn, dônt
I Wynedd fel y mynnont.
Nhw â'u hiaith, ac ni ŵyr neb
Eu hanes hwnt i'r wyneb.
Aeth ddoe â'i gymdogaeth dda,
A'n heisiau o'r drws nesa'.

Cyrraedd

Mae ocr ei ddŵr mecryll,
Deiliwr gwisg symudliw'r gwyll
O frethyn Dulyn, tra dêl
Hen nyddwr gwlân o Wyddel
Yn llwyd wêr y lleuad wan,
I ddŵr, nodwyddau arian
Yn wincio ddaw yn rhenci,
Nerfau mân yw'r haf i mi
Bob egwyl, disgwyl eu dod
Yn gwau fel haul trwy gawod.
Er ymhell, rwy'n teimlo'r môr
Yn twymo at eu tymor.

Meini

Hyd wal fynydd yn cuddio
Mae 'na ŵr, mae'i enw o
Yn angof, ond mae'i ofal,
Nod ei waith drwy'r pwythi'n dal
I gloi sawl carreg fregus;
Dimeuau'i chau fynnai chwys!

O'i oriau hir daeth parhâd
Dawn saer â'i grefft yn siarad;
Awen ei waed, codai nhw,
A'i enaid wasgai'r llanw'n
Haen o'i mewn, cloi'r cerrig mân
Nes i hanes ei hunan
Faen a maen dyfu'n y mur,
Y mae oesau'n ei mesur.

Cayo

Arwyr gwrthryfel Erin
Oedd fyw'n arabedd ei fin;
Ei dras a'i filwrol drem
Wyllt eithaf, a felltithiem;
Rebel â'i fêr yn berwi
O'i grud, ac angerdd ei gri
Yn waedd a alwai fyddin
I droi y sychau i'r drin.
Holltai ei rych â chwlltwr
O dân mewn argaeau dŵr;
O garchar ei ymgyrchoedd
Rhoes ddur y bladur mewn bloedd;
Canai gerdd gwŷr Iwerddon
Yn frwd â holl egni'i fron.
Rhwymodd yn lifrai'i ramant
Storïau'n gyfrolau, gant.
Mae lifrai'r ywen heno
Yn chwerw o wyrdd uwch ei ro.

Amheuaeth

Fin hwyr y mae ynof nos
Oerach, a'i hofn sy'n aros
Yn unsain fel ias canser,
Ofn astud, mud yn fy mêr.

Yng ngwres y ward a'r cardiau
Nid oedd ond pryderon dau
Â'u sgwrs mor nerfus a'r sgan,
Drwy'u hing, prin medru yngan.

Troes pryder yn hyder haf,
A'r heth i'r blagur eithaf;
Rhoes natur gyffur a gwau
Ei llewyrch hefo'i lliwiau.

Ond â hances ei pheswch
Eto'n drwm a'r coed dan drwch
O eira, daw'n llesmeiriol
Ias nos ddi-loches yn ôl,
A'i sgan mewn lloer sy'n llesgau
I wegian ar y brigau.

Llun

(hunan bortread Vincent Van Gogh)

Ei waedd sy'n ei gelfyddyd
A holl faich ei orffwyll fyd,
A'i boen sy'n hidlo'n ddi-baid
O helygen ei lygaid.
Naddu cainc ar ei wedd cyd
Wnai â'i fwyell drwy'i fywyd;
Yng nghilfachau'r rhychau'n rhes
Cynion fu'n rhicio'i hanes.
Dwy fforest wedi fferru
Sy'n niwl dwys anaele du
Aeliau'i nos, ni eilw'n ôl
Ei waedd o'i ffrâm dragwyddol.

Cyfarchion

Dathlu pen-blwydd fy nhad yn un ar ddeg a phedwar ugain

Ennyd i'w gof naw deg un,
Ond mae haul ar gnwd melyn
Hafau haidd a'u rhyfeddod
Wedi'i dal ym mynd a dod
Yr hogyn yrr yr ogau, –
Â'i law hael fe ddeil i hau.

Os yw'n un distaw di-sôn,
Cae o feirch yw'n cyfarchion
Yn gwehyru* ein geiriau, –
'Yma'n hŷn y mae o'n iau.'
Ac mae'r gwin yn Gymro gwyn
Yn rhaeadrau ei wydryn.

* *gweryru yw'r gair, ond gwehyru ddywedir yn Llŷn*

Fy chwaer fach yn hanner cant

Er bod chwaer bach yn achwyn, yr un daer
  Yn 'dweud' am gamymddwyn;
  Yn chwarae'r cof ni cheir cwyn,
  Hi unwaith ddaeth a'r gwanwyn.

Bedydd Tudwal

Helyg y wlad Tudwal Glyn, eu hawen
  Sy'n yr hwyaid melyn
  Rhydd eu dawns, a'r gwreiddiau dynn
  Nod y dŵr hyd y deryn.

Priodas Dewi o Lŷn a Rowena o Brisbane

Dau i'r oed fel had ar wynt o diroedd
  A phellteroedd rhyngddynt;
  Dwy wlad ond un anadl ŷnt,
  A nwyd un galon ydynt.

Priodas Iwan a Mari

Aur i Iwan a Mari wna gwlwm
  Dwy galon eleni;
  Daw'r un aur, hyderwn ni,
  Drwy oes hir i'w drysori.

Colli Cydnabod

Catherine Evans, Llwyn Onn, Bethesda

Er nad yw'r enaid a oedd yn Llwyn Onn,
    A'i lle'n wag, yng nghylchoedd
    Ei rhoi gynt, fe ddeil ar goedd,
    O hyd yr enaid ydoedd.

Dic Twnti

Ei sbectol anfarwol o welai wawr
    Yr hwyl iach a'r smalio;
    Ond drych o ddwyster sawl tro
    Welais, a'i gwydrau'n niwlo.

Tom, Penbont

Ei lais a'i lygaid gleision yw o hyd
    A'i wên llawn gobeithion;
    Y wên, ni chaethiwyd hon,
    Ein Tom golau twymgalon.

Mynd i'r môr
(John, Tyddyn Llwydyn)

O'i geulan hwn a giliodd, i ferw
    Hen foroedd yr hwyliodd;
    Draw i'r gorllewin fe drodd,
    Och alar, ni ddychwelodd.

Siôn Felin Isa'

Dyn swil o hyd yn selog yn Neigwl,*
    Dyn â'i agwedd bwyllog
    Yn gweld drwy Fwtsias y Gog,
    Dyn hwyl a dyn Anelog.

Liw nos o'r Felin Isa' i'w berwyl
    Ar ddydd byr o aea'
    T'wynnai o fel 'tai hi'n ha',
    I'w oes yn gymwynasa'.

Dyn Rizla â'i dyner oslef, yna blwc
    Yn ddyn blin, yn dioddef;
    Tan ei wynt fel taniai ef!
    Anfoddog heb gyfaddef.

Ei adwaen a wnai Edith, dyn o aur,
    Dyn â'i wallt fel gwenith,
    Dyn gwlad yn oedi'n y gwlith,
    Y gorau, dyn di-gyrrith.

*Capel Neigwl

Llinos Tyddyn Gwyn

Aeth gwên y friallen frau wedi'r gwae
    Gyda'r gwynt yn ddiau;
    Ara'n cam a'r eira'n cau
    At elor ei phetalau.

Yn wydrog am Garn Fadryn : gwisg o rew,
    Gwasgai'r hin fel ellyn
    Yn ei llid i galon Llŷn,
    A gwyrodd y blaguryn.

Rhannu ei gwewyr unwaith ni allwn
    Yn holliach fy ngobaith;
    Rwy'n dod mewn mudandod maith
    I adnabod anobaith.

Diymadferth brydferthwch a wywodd
    Mewn gaeaf o dristwch;
    Yn drwm rhoes Chwefror ei drwch
    O eira ar dynerwch.

Dan eira mae'n dynerach i huno
    Nes daw hin addfwynach
    A 'gwanwyn sy'n amgenach'
    Na hyn o fyd fr'allen fach.

Ffrancis, Ty'n Lôn

(un o gyffiniau Llanrwst yn wreiddiol)

Fraich a gwar i'r braenaru, yna llaw
    Fwy na Llŷn i'r hadu;
    Hyd ei faes diarbed fu
    Â'i wên fel Dyffryn Conwy.

Bu'n y tir mor hir ei hun, tro ei rod
    Tua'r haul yn 'mestyn
    A'i ynni o'r llaeth enwyn
    Yn dwyn llwyth y medi'n Llŷn.

Mae hiraeth yn dymhorau, yn law Awst
    Yn hen lofft yr hogiau;
    Ond mi wn, ar yr iard mae
    Yn gawr ymysg y gorau.

Joyce, Meillionydd

A'i lli ieuanc a llawen wedi mynd
      Ymhell, mynn ei hawen
   Mai gwyrth ei bwrlwm yw gwên,
   Llawenydd mewn meillionen.

Llawenydd ymhell heno, oer yw'r dinc
      Lle mae'r dŵr yn pefrio'n
   Farrug gwyn, ond nwyfau'r co'
   Wna i hafau'r dŵr lifo.

A llifo drwy'r holl lefydd y bu'r wên,
      Llwybrau'r haul ar fynydd,
   Gwiail a dail, a lliw'r dydd
   Yn wyn gan ei llawenydd.

Llawenydd ydyw'r lluniau ohoni
      Yng nglan ein calonnau;
   A'i hoen sy'n mynnu parhau
   Yn ddylif drwy'n meddyliau.

Harri, Bodnithoedd

Ei iaith oedd byd amaethwr a Harri
  Drwy'r tymhorau'n grefftwr;
  Er gwaelu, i'w deulu'n dŵr,
  I Helen yn gynhaliwr.

Un â'i waed yn ei gnydau, â'i enaid
  Y bu'n trin ei gaeau;
  Ei fyd o'n fedi a hau
  Wnai Harri'n un â'i erwau.

Ei wythï oedd Bodnithoedd, un wyliai
  Â'i galon tros yrroedd;
  Un a'i gamp yn wartheg oedd,
  A'i allu'n ddiadelloedd.

I Helen, gwn na chiliodd, i'w deulu
  Daw eilwaith lle cerddodd
  Hyd ei faes, a'i fryd a'i fodd
  Yn ei ydlan a'i adlodd.

Alwyn Lôn

Mae i Ebrill ebillion a regwn
    Am rwygo'n gobeithion;
   Gwadu eu holl ergydion
   Â'i wên lew wnai Alwyn Lôn.

Mae i Ebrill ei ddillad duon iawn,
    Tynhâ'i ias mewn eiliad
   A'i niwl oer dros Lŷn, yn wlad
   Wahanwyd o'i chwerthiniad.

Ebrill llydan ei wanaf, hen Ebrill
    Fynn ein sobri deimlaf;
   Er i'w wên awgrymu'r haf,
   O Dduw, rhoist ynddo aeaf.

Dos Ebrill ymhell bellach, ei aelwyd
    Sy'n ein calon mwyach,
   Lle daw weithiau berlau bach
   Alwyn, na fu'i anwylach.

O Iwerddon yr hwyrddydd i doriad
    Y wawr dros Eifionydd
   Daw'n Fai, a'i wên lydan fydd
   Alwyn Lôn a'i lawenydd.

John Ellis, Penbont, Seithbont

Haf yn swrth hyd afon Soch
Yn naddu'r lle na wyddoch;
Mawrth aeth heb awgrym wrth hau
Ddod eryrod i'w erwau;
Er ei wên pan ddeiliai'r ynn,
Am haf ni feiddiem ofyn.

Dôi'i wên yn ymestyn dydd,
Hen wae ddôi'r lleuad newydd
I ladd ei sêl a'i ddwysáu,
Löyn o gymysg liwiau,
Wrth i'r afon ohono
Waedu ei chnwd gyda'i chno.

Doctor Owen

O'r hen deip a rannai'i dŷ â'i gleifion;
    Ac ôl haf yn pylu,
   Aros hir am ddoctor sy',
   Un a'i gyfnod ar gefnu.

Ond y cof am ei ofal a erys
    Yn ddihareb ardal;
   Gwyrth y dyn, nid gwerth ei dâl
   Oedd ei dwf pob dydd dyfal.

Yn wardiau i'w brysurdeb roedd ei Lŷn,
    Rhoddai law anwyldeb
   A'i rhin hi, un prin yw'r neb
   Â'i enw'n fwy na'i wyneb.

Ei wedd ysgafnai'n dyddiau, ei ffordd wyllt
    A'i ffrae ddôi, ond diau
   Ymarhous pan dryma'r iau,
   I'n nos â'i gymwynasau.

Bellach ni ddaw yn llawen, i'r eiddil
    Ni rodda'r un bilsen
   O'i fag o, ond ni fu gwên
   Yn driw fel Doctor Owen.

Twm Dwynant

O hyd pan syrthia coeden, y mae bwlch
      Am bob un, ond derwen
    Edy'n llwm nodded ein llên,
    Edy'n wyw nodau'n hawen.

Ond mae miwsig rhen Dwm eisiau o hyd
      Rai â'r haf o'u blaenau;
    Haf erioed wna'r ddeilen frau
    Yn nodyn mewn unawdau.

Rhannai wefr saernïo'i waith, a'i barhâd
      Ddeil ar bren yn berffaith;
    Yn y graen mae geiriau'i iaith
    A'r dail yn siarad eilwaith.

Anita

2il Ionawr 2000

Yn Llŷn ein gaeafau llwm
Melynodd y mileniwm
Eisoes, a throi a throsi'r
Môr sy'm mynnu'n naddu ni;
Ôl hen lid ar ddalen lân
A gwaeledd lond ei Galan.

Wyneb di-dostur Ionawr,
Rhua'r môr ar y tir mawr,
A'i noethwynt chwâl obeithion;
Cadw'r ffydd nes codi'r ffôn
A sylwi bod llais Helen
Yn eiriau byr byd ar ben.

Anita, a fu'n c'neitio
Yma cyd, mor drwm y co'.
I'w hundaith, ffarwél gyndyn
Yw'r geiriau claf olaf un;
Dy wên aeth, dan bennyd nos
Di-lewyrch yw Rhydlios.

Ei dramáu oedd tyndra maen
Noethfur chwareli Llithfaen,
A phridd ei hatgofion ffraeth
Oedd enaid i'w barddoniaeth.
Un â'i phlwy oedd geiriau'i fflam
A'i nithlen oedd Lôn Methlam;
Si'r awel dros yr ewyn
A'r môr ym Mhorthor a'i mynn.

Anita

2il Ionawr 2001

Yn agos at fy nghalon
Mae hon i'w chael o hyd,
Ac os yw angau rhyngom,
Nid aeth â hi i gyd.

John Arfon Huws

Hen awen y Gernyweg yn llenwi
     Môr Llŷn, ond yng ngosteg
   Ton ar don hyd ei lan deg,
   Un ei Lŷn a'i delyneg.

Cywyddau rôi'r broc iddo, o'i lanw
     Englynion fu'n gwingo;
   Yn ei hwyl, fel tynhái o
   Raffau'i iaith i'w perffeithio.

Er bod Arfon yn llonydd, ei anian
     Sy'n y don o'r newydd;
   Tua'r bae y daw tra bydd
   Llif ei fôr drwy'n lleferydd.

Dewi, Gilfach

(Gyrrwr bws ysgol ardal Neigwl.
Bu farw'n ddisymwth ddechrau Ionawr 2011.)

Hen aeaf â'i fynawyd,
A'i niwl oer hyd Lôn Waun Lwyd;
Ond daw gwefr i blant Pont Go'
Yn hud yr eira'n cydio;
Naws Gŵyl, ond cymysg â hi,
Ias mynwent mewn bws mini.

Ionawr yn nhro'r olwynion
Yw'r Ionawr lusg, straen yw'r lôn.
Os ydyw'n daith 'mystyn dydd,
Ionawr sy'n dywyll beunydd;
A'r plant fu'n eiddgar i'r plu
I'w wialen ynn tawelu.

Petha rhydd

Trên

Dwy flynedd, ac yna gwahanu,
Ac yn y clindarddach cawn i'r
Holl brofiad yn gyllell drwy 'nghalon,
Mynd adra a wnai'r 'faciwï.

Ac er i mi'n ddewr ymwroli
Wrth addo 'sgrifennu, mor rhwydd
Y llithrodd drwy 'nghof llawer Ebrill
Heb nodi milltiroedd ei flwydd.

Na, 'does 'na'r un rheswm arbennig
Mod i heddiw'n crwydro'r lein
Ar darmac mor llyfn â'r atgofion,
Dim ond bod y tywydd yn ffein.

Crwydro

Pan ddoi Garni adra ers talwm
Yn hael hefo'i faco o'r môr,
Er holi, ni dd'wedai rhyw lawer
Am Dropics na rhew Labrador.

Dim ond awgrym a gawn i wedyn
Ac yntau gryn dipyn yn hŷn
Yn criwio ar longau Dun Laoghaire
Ar shifftia bum niwrnod o Lŷn.

Mor chwithig ei weled neithiwr
Ar y ward, yn ffwndrus ei ael,
Yn rhaffu wrth gei mewn rhyw borthladd,
Ond doedd 'na fawr chwaneg i'w gael.

Gofyn

Croesawai 'nhad yng nghledi
Ei oes, ddihangfa'r saint;
Taerineb ar ei liniau,
Heb ddisgwyl, iddo'n fraint

Mae'n galw ar ei ŵyrion
I faes ei lafur crin;
Dau brysur â'r rhaglenni
Yn chwilio ffeithiau'r sgrîn.

Gan graffu i'r disgleirdeb
Ym mherfedd eitha'r byd,
A chanfod yr atebion
I'w holl gwestiynau i gyd.

A minnau yma rhyngddynt
Rhwng ffiniau nos a gwawr
Yn amau nad oes ateb
I'r hen gwestiynau mawr.

Anrheg

(A. M. Thomas, 1978)

Yn Soar mewn cyflwyniad
Wedi'r bugeilio maith,
Mawrygwyd 'rhen weinidog
Am ofal mawr ei waith.

Hir iawn fu'r holl deyrngedau
Ar draul blynyddoedd chwim,
A'i braidd yn rhannu'r bara,
Er iddo fyw ar ddim.

Teulu

"One man from each family is enough on a night like this".
Geiriau Harry Trevylyan Richards, Cocsyn bad achub Penlee,
wrth iddo atal un o ddau frawd, oedd yn aelodau o'r criw,
rhag mynd ar y cwch, cyn ei lansio ar noson y drychineb.

Di-betrus yn y pryder
Bu'r hogia i gyd yn driw;
Os storm a alwai frodyr,
Nid hi ddewisiai'r criw.

Yn hunllef yr argyfwng,
Fel un ar fwrdd y bad,
Pob enaid ynddi'n perthyn,
Yn daid, yn frawd, yn dad.

Ac er nad oedd'na raffau
A'u clymai drwy y gwaed,
Deil cwlwm hyd y glannau
O hyd drwy'r aberth wnaed.

Urddas

"Nei di lun fel hwn eto fory?"
Holai'r gŵr wrth y bychan wyth oed,
Wrth sylwi fod yna gryn allu
yng nghywreinwydd y dail ar ei goed.

"O na, dim ond paentio am heddiw
Da ni'n gael medda Miss achos bod
'Na ddyn sy'n ofnadwy o bwysig
Wythnos yma i'r ysgol ma'n dod."

"Yn wir", meddai'r hen Arolygydd,
"Mawr obeithiwn mai heddiw y daw,
Er mwyn iddo fo weld dy dalent,
Ac i minnau gael ysgwyd ei law."

O ddydd i ddydd

Ar drofa Ffordd y Coleg
A'r gwynt yn lliwio'i grudd,
Fe ddaliodd hi fy llygaid
Trwy lwydni Tachwedd prudd,
A'i hanner gwên cyn troi ei phen
Mor swil a'r haul yn Siliwen.

Gwasgai ein bysedd amser
I ddal pob cyfle gwyn,
Aeth dydd yn fis, a blwyddyn
Yn ddeg ar hugain syn;
A brys yr holl dymhorau briw
Yn lliwio rhwd ei hwyneb triw.

Cefn

Fy nhaid,
yr 'Hen Dir' cadarn
a'i law yn ymestyn i'm croesawu,
neu'n cydio yn f'ysgwydd
pan sythwn yn ei gysgod
ar sdepan Ffordan bach,
wrth i'w ôg
fynegi ei ffydd yntau mewn gwanwyn.

Yn hŷn,
fe'm tywysai dros Gae Cerrig Mawr
a Chae Main
i drafod y trin ar gwysi eu tyndir;
ac yn y gaeafau,
fe'i cofiaf yn sicr ei gyngor,
wrth fynnu gweld graen ar blygiad terfyn Cae Pwll.

Yntau yn henwr ar ei ffon
a'i frest yn gaeth
gan gymysgedd o faco'r Bondman
a llwch dyrnwr.

Noson o Ragfyr,
eisteddwn yn yr oriau mân
yn cadw dyletswydd
wrth wely'i anadlu anghyson.
Ac yno yn y tawelwch
rychwantai'r blynyddoedd rhwng tipiadau'r cloc mawr,
fe wyddwn ei fod yntau
wedi pwyso ar rywun.

Petha 'sgafnach

Moeli

Os hawdd gweld dros y seddi yn Seion,
    Does wiw fynd i weddi
     A'r si'n wyllt drwy'n rhes ni, –
    'Y mae Wiliam yn moeli.'

Yn y Capel

Yn hogyn, pan oedd gwagedd yn bleser,
    Fel dôi blas trugaredd
     Ar y Sul, sŵn cnoi o'r sedd
    Yn dyheu gweld y diwedd.

Roial Ascot

Daw eto iaith y daten a'r hetiau
    I'r '*all British*' wybren,
     Yn eu rhwysg, a'r doliau pren
    I fygu ar genfigen.

Helynt y Draen

Dŵr brwnt yn iard Dic Twnti, o hen draen
    Dan y drws i'r bwtri
   Llifa'r wermod sy'n codi,
   O'r pan daw gofer y pi!

Dyfod wna hogia Dwyfor,
Rhai hylaw ddaw at dy ddôr;
Jac Em yn trin jachamar,
Y gŵr mwyn yn grwm ei war
Fel artist wrthi'n ddistaw;
John Morgan â'i lydan law
Esyd fricsen, cymhennu
I droi'n deg hen draeniau du;
Daw Roger â'r gêr i gyd
A'i ofal tadol hefyd.

Swper ar yr A470

Hen daith yw'r pedwar saith deg,
O raid, ar unrhyw adeg,
Y fwrn yw, af arni hi
I hualau'i chorneli.

I Lŷn ar hyd priffordd gwlad
Diau crwban sy'n dwad!
O giw i giw'n dragywydd
Y gyrra dyn o Gaerdydd.

Ar nos Sul 'dyw sufulach,
Nesu drwy newyn a strach
I olau yn Llanelwedd,
Dau â'u gwanc ar bryd a gwedd.

Gyrru i le rhagorach,
Gaddo bwyd mae'r Cogydd Bach,
Un ddeil ar agor tan ddeg,
At reidiau dyn trwy'r adeg.

Siwrnai hir at seren hwn,
I'w nefoedd, lle'r anghofiwn
Yrru dwys a phwys y ffordd;
Aur o gaffi ar gyffordd
A thus a myrr modurwr,
Naws y Sul i'w groeso'n siŵr!

O'i fewn daw'r newyn yn fwy
I luniau sawl melynwy,
Dewis hynod, a sglodion!
Hidlan laeth o fwydlen lon!

Ond dyna fo'n bomio'n byd
O'i nefoedd, â gwên hefyd,
Gwên gam un dorra amod
Yn dwysau holl bwysau'n bod,
'Doedd o, ddeng munud i ddeg
Yn chwennych cwcio 'chwaneg!

Ara deg a hir y daith
I Lŷn yn brin o luniaeth;
Yn eisiau Mair a Joseff,
Little shit yw'r Lutl Shef!

Y Barmêd newydd

Wedi deuddeg peint,
Saith wisgi a mwy,
Gen i siawns go lew
Hefo un o'r ddwy!.